여기에, 있다

장은화

여기에, 있다

사람이 있다 관계가 있다
   공간이 있다 예술이 있다
연결이 있다 _____ "잇다"가 "있다"

장은화

프롤로그

산청을 열며

산청은 제 삶의 시작점이자 언제나 돌아오고 싶은 그리움의 땅입니다.

산청에서 살아가면서 만난 이웃과 예술가, 그리고 연대를 실천하는 사람들 덕분에 삶의 의미를 배우고 감사함을 느낍니다. 그 감사함을 조금이나마 표현하고 싶은 마음에, 안부를 전하고, 행사장이나 전시장을 찾아 응원하곤 합니다.

산청에서 살아가며, 각자 다른 모습으로 관계를 맺고 있는 사람들을 보아왔습니다. 누군가는 가족과 이웃을 돌보며 일상의 온기를 만듭니다. 어떤 이는 미소 하나로 하루를 여답니다. 그들의 이야기는 특별하지 않은 듯 보이지만, 바로 그 소소한 삶이야말로 우리 지역을 지탱하는 힘이자, 공동체를 이끌어가는 토대라 생각합니다.

이 책의 1부 「우리 이웃 이야기 – 삶의 온기가 되는 숨결」은 이러한 사람들의 이야기를 담았습니다. 경순 씨, 영욱 씨, 만호 씨, 희순 씨, 수진 씨…… 이들이 꾸려가는 삶의 장면들은 모두 산청의 숨결입니다.

곳곳에는 산청의 가치로 가득합니다. 공간과 예술 속에서 그 가치를 찾아봅니다. 한옥에 자리한 책방, 숲속에 숨어 있는 보물섬 같은 공간, 전통과 라벤더 향이 어우러지는 축제의 장, 그리고 예술가들의 작업실과 손끝에서 태어난 작품들. 단순한 장소나 창작물이 아니라 산청이라는 이름을 더욱 빛나게 하는 존재들입니다.

2부 「공간과 예술 이야기 – '하고 싶음'에서 찾은 산청의 가치」는 산청의 가치가 숨어 있는 공간, 그리고 예술로 산청을 표현해 주시는 분들을 담았습니다. 그들의 이야기를 통해, 산청의 가치를 새롭게 발견해 보는 기회가 되길 소망해 봅니다.

지역을 단단히 묶어주는 힘은 연결과 연대 속에서 더 활짝 피어납니다. 장터에서 이어지는 삶의 관계망, 연대를 통해 다시 태어난 특별한 카페, 극단을 통해 너른 들처럼 커가는 공동체의 힘, 의료와 돌봄을 품은 의료사협이 그런 역할을 하고 있습니다.

3부 「연결과 연대 이야기 - 산청을 확장시키는 힘」은 이러한 연대의 사례를 담았습니다. 산청은 사람과 사람, 문화와 공동체가 손잡고 함께 확장되는 곳입니다. 연대가 주는 힘이 더 많은 사람들과 연결되어 더 큰 확장으로 이어집니다.

관계를 통해 서로의 삶을 지탱하며 온기를 나누는 사람들, 예술과 문화를 통해 산청의 가치를 밝혀주는 분들, 그리고 이 모든 것을 지속하고 확장할 수 있게 해주는 연대모임. 그 모든 것에 대한 고마움을 기록으로 전해 봅니다.

몇 편의 단편적인 소개와 부족한 글재주에 부끄럽게 선보

이는 책이지만, 이 책이 그 연결의 시작점이자 다리가 되기를 소망해 봅니다.

2025년 11월
산청의 이야기를 쓰고 담습니다.

차례

프롤로그 - 산청을 열며 4

1부

▲

우리 이웃 이야기 - 삶의 온기가 되는 숨결

돌봄으로 관계를 잇는 경순 씨 13
산청을 지키는 사람에서 알리는 사람이 된 영욱 씨 17
동에 번쩍 서에 번쩍 팔방미인 만호 씨 20
미소로 하루를 여닫는 희순 씨 25
작은 미용실에서 인연을 꽃 피운 수진 씨 29

2부

■

공간과 예술 이야기 - '하고 싶음'에서 찾은 산청의 가치

한옥 속 책과 꿈 소복카페와 밀당책방 35
숲속에서 찾은 놀이터 같은 보물섬 공간산아 46

전통과 라벤더 향이 어우러진 축제의 장 학이재 58
우직한 손길이 만든 예술 지리산 바보의 숲과 숲속미술관 ... 66
삶과 산수를 담는 붓끝 이호신 화백 84
경계를 허무는 손 융합조형작가 로빈 96
산청 흙으로 달을 빚는 도예가 산음요 권동일 108

3부

●

연결과 연대 이야기 - 산청을 확장시키는 힘

삶이 이어지고 문화가 커가는 장터 산청 지리산 목화장터 ... 131
연대를 통해 다시 태어난 아주 특별한 카페 남다른 이유 142
마당극이 피워내는 연대의 들판 극단 큰들 147
산청의 주치의가 된 산청의료사협과 화목한의원 154

에필로그 - 산청을 또 열며 158

1부
▲
우리 이웃 이야기

- 삶의
온기가 되는
숨결
▲
▲
▲

돌봄으로 관계를 잇는 "경순 씨"

산청 갈전마을, 일흔둘 경순 씨는 아침 6시 반이면 집을 나선다. 아직 어둠이 걷히지 않아 새벽 공기가 차갑지만, 그녀의 발걸음은 가볍다. 차로 10분 남짓 달려 도착한 곳은 여든다섯 향양댁 할머니의 집이다.

할머니는 여섯 해 전 남편을 떠나보내고 대전 아들네 집에 잠시 머물렀다. 하지만 몇 달 만에 다시 시골집으로 돌아왔다.

몸이 불편해 집 안에서만 지내지만, 마루에 앉아 요양보호사를 기다리는 일은 할머니의 하루 중 가장 큰 기쁨이다. 골목길에서 들려오는 발소리에 할머니 얼굴엔 금세 웃음이 번진다.

"오늘은 수제비 끓일까요?" 경순 씨의 물음에 할머니는 벌써 입맛을 다신다.

할머니는 "네가 참 좋다. 내 딸 하자"며 경순 씨의 손등을 쓰다듬는다.

둘 사이에 돌봄은 이제 단순한 것이 아니다. 경순 씨는 할머니의 삶 속 깊숙이 스며든 존재가 되었다. 남편을 일찍 잃고, 자식 넷 모두 출가해 혼자 사는 경순 씨에게, 할머니는 역시 그런 존재다. 매일 아침 할머니의 식사를 챙기고 반찬을 건네는 시간이 삶의 한 부분이 되었다.
그 인연이 어느새 다섯 해를 넘어섰다. 일요일을 뺀 6일, 매일 만나면서 친구가 되고, 때로는 친정엄마와 딸 같은 사이가 되었다.

눈이 많이 내려 할머니를 만나러 갈 수 없었던 날이 있었다. "할머니가 식사를 거르실까 걱정이 돼서, 길에 눈을 치우자마자 달려갔어요. 그런데 오히려 이 눈길에 어떻게 왔냐며 저를 걱정하시더라고요. 마음이 짠했어요."
걱정과 걱정이 겹쳐진 그 마음은 단순한 의무가 아니라, 함께 삶을 의지해 살아가는 이들만이 나눌 수 있는 깊은 정이었다.
홀로 살아가는 사람들은 이렇게 서로에게 작은 위로를 건네며, 살아갈 힘을 얻는다. 가장 평범해 보이지만 가장 단단한 연결은 바로 사람과 사람 사이에서 맺어진다. 돌봄은 누군가를 단순히 돕는 일이 아니라, 결국 서로에게 기대어 사는 일이다.

작은 부엌에서 수제비가 보글보글 끓는 동안, 두 사람의 웃음소리가 집안을 데운다. 햇살이 따사롭게 스며드는 마루와 오래된 나무 냄새, 작은 정원까지 어우러지며 시골집은 더없이 아늑해진다.

산청을 지키는 사람에서 알리는 사람이 된 "영욱 씨"

면사무소 옆 예비군 면대에 새 면대장님이 부임했다. 인상은 온화했지만, 군복을 입고 예비역들을 지도하는 모습은 결연했고, 그 안에서 뿜어져 나오는 군인다운 기개는 누구라도 존경심을 품을 듯했다. 나 역시 한때 군인이나 경찰을 꿈꾸며 제복에 대한 동경을 품었기에, 그 모습은 더욱 특별하게 다가왔다.

면대장님과 가까워진 계기는 의외로 소소했다. 남동생 또래의 예비역들에게 간식을 챙겨주던 일이 인연이 되어, 면대장님과도 자연스럽게 가까워졌다. 신혼집을 구하지 못해 발을 동동 구르던 시절, 면대장님은 자신이 살던 전세 아파트를 선뜻 내어주셨다. 그 뒤로는 면대장님 내외분과 우리 부부가 함께 모여 식사를 나누기도 하며 정을 쌓았다. 그렇게 이어진 인연이 어느새 20년을 훌쩍 넘었다.

읍대장으로 퇴임 후에도 그는 산청을 떠나지 않았다. 고향은 아니었지만 산청에 집을 마련하고, 이웃과 어울리며 새로운 뿌리를 내렸다. 지역 행사에 자원봉사자로 나서고, 마을 사람들과 자연스럽게 관계를 이어가는 모습은 이미 오래 전부터 산청사람이었다.

그는 얼마 전까지 공립학원 사감으로 일했다. 때로는 친구처럼 다정했지만, 때로는 아버지처럼 엄했다. 그 엄함 속에는 늘 따뜻한 관심이 있었다. 단순히 규율을 세우는 데 그치지 않고, 삶의 고민을 함께 나누어 주는 시간이 결국 학생들의 마음을 지켜주는 인성교육으로 이어졌다.

일 년에 서너 번, 함께 식사를 하며 안부를 나눈다. 서로에게서 삶을 살아가는 자세를 배운다. 서로의 삶에 든든한 후원자가 되어 있음을 발견한다.

영욱 씨는 이제 또 다른 도전을 준비하고 있다.
군인으로, 사감으로 산청을 지키던 마음을 '문화관광해설사'가 되어 산청을 알릴 준비를 하고 있다.
이곳 산청에서 또 다른 관계를 이어가려는 그의 도전을 마음 깊이 응원한다.

동에 번쩍 서에 번쩍 팔방미인 "만호 씨"

"도대체 안 하시는 게 뭐예요?" 산청 생비량면 가계마을 김만호 씨를 만나본 사람이라면 누구나 한 번쯤 묻게 되는 말이다.

마을 이장, 생활공감정책참여단, 마술 강사, 문해 교사, 역사연구회 회장까지. 늘 어디에선가 분주히 움직이는 그의 하루는 24시간이 모자라 보인다. '한 사람이 이렇게 많은 일을 해낼 수도 있구나' 감탄할 때가 많다. 그러나 정작 본인은 느긋하게 답한다. "필요한 일이니까 하는 거지요. 누군가는 해야 하잖아요."

코로나로 경로당 문이 닫히고 문해교실 수업이 멈췄을 때, 홀로 지내는 시간이 길어진 어르신들은 외로움과 단절의 시간을 견뎌야 했다. 만호 씨는 그 시간을 그냥 두지 않았다. 직접 학습지를 만들어 어르신들에게 나눠주었다. 글쓰기가 하루를 채우는 삶의 희망이 되길 바랐다. 집집마다

다니며 "잘하고 계시냐" 안부를 묻고, 숙제를 독려하며 웃음을 나눴다. 누군가 자신의 안부를 묻는다는 사실만으로도 어르신들은 용기를 얻었다. 글자를 익히며 닫혔던 마음의 문이 열리고 외로움도 점점 사라졌다.

그의 어머니 역시 여든을 넘긴 나이에 아들의 지도를 받아 한글을 익히고, 시를 쓰기 시작했다. 늦은 나이에 시인이

된 어머니의 웃음에는 단순한 학습을 넘어 인생의 또 다른 꽃을 피우는 기쁨이 담겨 있었다.

만호 씨는 산청역사연구회 회장으로도 활동했다. 2021년 경남도 주민참여예산 공모사업으로 추진된 '생비량면 신기마을 마을 유래 찾아주기' 사업에 참여해 마을의 흔적을 모으고 기록을 남겼다. "어느 마을이든 나름의 역사는 있기 마련이지요. 기록이 없으면 금세 잊히고 말 거예요. 우리 삶과 역사를 정리하는 일, 참 보람된 일이에요."

그의 활동 중 조금 특별한 것은 마술이다. 평생교육에서 마술을 가르치고, 문해교실에서는 마술 공연을 선보여 어르신들의 흥미를 북돋운다. 종종 축제 무대에 오르기도 한다. 만호 씨에게 마술은 사람과 사람을 잇는 매개다. 무대 위 환상은 잠시나마 삶의 무게를 내려놓게 만들고 아이들에게는 꿈을, 어른들에게는 웃음을 선사한다.

그런 만호 씨에게 나눔은 일상이다. 손수 키운 옥수수를 삶고, 더운 여름엔 아이스크림을 사서 복지시설이며 이웃들과 나눈다. 배추며, 무가 담겨 있는 검은 비닐봉지가 복

지시설 문 앞에 놓여 있을 때도 많다. 장례식에서 받은 쌀 화환을 독거노인과 장애인 가정에 나누기도 했다.

만호 씨의 삶을 따라가다 보면 결국 하나의 단어에 닿는다. 관계. 배우고 싶은 이에게는 스승이 되고, 역사를 찾는 이에게는 기록자가 되며, 웃음이 필요한 이에게는 마술사가 된다. 그렇게 이어진 관계는 고립을 덜어내고, 사람들의 삶을 따뜻하게 덮어준다.

오늘도 사람들은 묻는다.
"도대체 안 하시는 게 뭐예요?"
"아직도 해야 할 게 너무 많은데요."
그의 환한 미소에는 또 다른 설레임이 가득 차 보인다.

미소로 하루를 여닫는 "희순 씨"

노인회 사무실 문을 열면 가장 먼저 마주하는 것은 서류도, 소음도 아닌 환한 웃음이다. 언제나 문 앞에 서서 기다리고 있는 듯한 사람, 바로 희순 씨다.

처음 만나는 이에게도 오래된 벗처럼 다정히 인사를 건네고, 곁에 앉아 대화를 나누다 보면 마음의 벽이 자연스레 사라진다. 어르신들의 안부를 챙기고, 경로당 운영에 필요한 크고 작은 일을 도맡으며, 때로는 고민을 들어주는 것까지, 노인회 사무실의 하루는 그녀의 따뜻한 손길과 웃음으로 가득 찬다.

그녀의 하루는 사무실에만 머물지 않는다. 아침이면 초록 조끼를 입고 학교 앞에 선다. 아이들이 안전하게 길을 건널 수 있도록 지켜보는 순간에도 그녀의 눈빛은 늘 따뜻하다. 교통지도를 하다 마주치는 아이들에게 건네는 미소, 때때로 학교 선생님들과 나누는 배려의 말 한마디는 그 자체로 관계를 이어주는 다리가 된다. 학생과 학부모, 선생님 사이에서 그녀는 늘 연결의 중심에 있다.

바쁜 일정 속에서도 그녀는 또 다른 무대를 갖고 있다. 바로 시낭송 동호회다. 함께 시를 읽으며 서로의 목소리에 귀 기울인다. 시 한 편이 누군가의 마음을 열게 하고, 닫힌 거리를 좁힌다는 믿음이 동호회로 향하는 그녀의 발걸음을 가볍게 한다. 몸이 지쳐 수액을 맞을 만큼 힘들 때도 있지만, 그녀는 다시 무대에 서고, 사람들의 감성을 어루만지고, 상처를 치유한다.

그곳이 어디든, 그녀의 얼굴에는 웃음이 사라지지 않는다. 그 웃음은 사람과의 관계 속에서 피어나는 온기다. 노인회 사무실에서, 교차로에서, 아이들과 함께하는 자리에서, 시낭송 모임에서 그녀는 늘 누군가의 하루를 조금 더 따뜻하게 물들인다. 그 웃음은 봄날의 아지랑이처럼 투명하고도 맑은 빛을 지녔다.

오늘 아침에도 그녀는 산청초등학교 앞 횡단보도에 서 있다. 아이들이 뛰어가며 웃음을 터뜨린다. 길 건너 동네 의원에 진료를 보러 온 어르신들은 희순 씨를 향해 손을 흔든다.

저녁 산책길에 횡단보도를 건넌다. 횡단보도를 환히 밝히는 건 신호등 불빛만이 아니라, 초록색 조끼를 입고 그곳에 머물렸던 그녀의 미소일 거라 생각해 본다.

작은 미용실에서 인연을 꽃 피운 "수진 씨"

산청군 신안면의 한 골목 모퉁이 작은 미용실이 있다. 바닥엔 잘려진 머리카락이 쌓이고, 드라이어 소리가 분주하게 울려 퍼진다. 창가에 놓인 다육이 화분, 알록달록한 매니큐어 바구니가 작은 공간을 채운다.

"봄헤어"다. 누군가는 이곳에 들러 물건을 맡기고, 누군가는 직접 수확한 농작물을 나눈다. 학교를 마친 아이들이 친구를 기다리며 머무르고, 놀이터에서 뛰놀던 아이들이 물 한 잔을 얻어가는 곳이기도 하다. 거울 속에 비친 눈빛과 웃음이 오가는 이 공간은, 마음속 사연까지 내려놓는 쉼터 같은 곳이다.

그곳에 미경 씨가 있다. 베트남에서 온 결혼이민자인 그녀의 하루는 바닥의 머리카락을 쓸고, 손님의 머리를 감겨주는 일에서 시작된다. 그러나 그 끝은 언제나 사람과의 만남으로 이어진다. 손님들의 표정에서 마음을 읽고, 짧은 대화 속에서 위로를 건네며, 웃음으로 하루를 채워간다. 그렇게 미경 씨는 조금씩 산청의 삶 속에 스며들며, 산청 사람이 되어 간다.

그 길을 함께 걸어주는 든든한 동행자가 있다. 미용실 사장님 수진 씨다. 수진 씨는 미경 씨에게 단순한 고용주가 아니다. 때로는 언니 같고, 때로는 가족 이상이다. 고향 베트남에 갑작스러운 일이 생겨 미용실 출근을 며칠 동안 하지 못할 때도, 베트남에서 동생이 한국에 와서 미경 씨가 한 달 가까이 자리를 비울 때도 수진씨는 늘 미경 씨를 우선 챙긴다. "괜찮아, 다녀와. 네가 편해야 우리도 편하지." 그 한마디는 낯선 땅에서 살아가는 그녀에게 큰 의지가 되었다. 배려와 신뢰는 두 사람의 관계를 인연의 정으로 키워나간다. 작은 가게 안에서 쌓여가는 신뢰와 배려의 순간들. 그 순간순간이 쌓여, 그녀는 한국과 산청을 자신의 집이라 부르게 되었다.

산청의 작은 미용실. 그 안에서 피어나는 온기는 머리카락처럼 잘려 사라지지 않는다. 오히려 시간이 지날수록 관계의 결 속에서, '봄'처럼 따뜻한 삶의 흔적으로 쌓이고 있다.

여기에, 있다

2부

공간과 예술 이야기

- '하고 싶음'에서
  찾은
  산청의 가치

한옥 속 책과 꿈 "소복카페와 밀당책방"

경남 산청군 신등면 신차로 526-9

"마당에 핀 분홍 동백꽃과 내리쬐는 햇살이 우리를 이곳에 멈춰 서게 했어요"

나지막한 돌담길을 따라 걷다 보면, 대문 입구에 걸린 나무 팻말이 눈길을 붙잡는다.

'책과 노니는 집, 소서헌'
한옥에서 살고 싶었던 남편, 책방을 열고 싶었던 아내. 두 사람의 꿈이 맞물려 탄생한 이곳은 서로의 꿈을 북돋아 준 부부의 손길이 고스란히 배어 있는 공간이다.

산청에 이런 공간이 있다니. '소북카페'와 '밀당책방'은 그 자체로 나에게 작은 선물처럼 다가온 곳이다.

'소북카페'는 '편안히 노닐다(消遊)'와 '책(book)'을 합쳐 만든 이름이다. 책과 함께 머무르며 쉼을 누리라는 뜻을 품고 있다. '밀당책방'은 '책을 고르고 읽는 경험, 독자와 책 사이, 책방과 손님 사이에서 일어나는 밀고 당김의 묘미' 의미를 담고 있다.

귀촌을 결심한 강인석·최명옥 부부는 한옥을 찾아 여러 지역을 돌아다니다 이곳 산청까지 오게 됐다. 마당은 잡초로 뒤덮이고, 지붕은 내려앉아 허물어진 시골집이었지만, 마당 한가운데 핀 분홍 동백꽃과 마당을 가득 채운 햇살이 결국 두 사람의 발걸음을 여기 머물게 만들었다. 단순한 시골집이 아니라 앞으로 만들어갈 이야기를 품은 공간임을 직감했다고.

소북카페의 한옥은, 충남 부여의 100년 고택을 1980년에 옮겨온 특별한 역사를 간직하고 있다. 이들 부부는 한옥의 원형을 최대한 지켜가며 2년에 걸쳐 집을 손봤다. 대청마루, 창틀과 문틀, 옛 아궁이까지 허투루 버리지 않고 남겨둔 정성이 곳곳에 스며 있다. 안채뿐 아니라 행랑채와 별채까지, 모든 공간이 손길을 통해 다시 살아났다.

2023년에 완성된 별채는 또 다른 이야기를 품는다. 박덕규 시인이 기증한 책으로 꾸며진 서재는 책 모임과 강연, 전시가 열리는 작은 무대. 정원 역시 이 공간을 더욱 빛나게 한다. 목련, 동백, 수국, 국화가 계절마다 피어나며, 분홍 동백이 만개할 때면 마당 전체가 환히 밝아지는 듯하다. 바람에 흔들리는 삼색버드나무와 벽오동의 그림자는 마치 숲속 미술관의 풍경처럼 다가온다.

공간과 예술 이야기 - '하고 싶음'에서 찾은 산청의 가치

밀당책방에서는 책 모임이 이어진다. 보름달이 뜨는 날, 밤에 열리는 '망월서화', 이른 새벽에 모여 책을 읽는 '산청나비정말좋아'. 멀리서도 기꺼이 찾아오는 이들이 함께 책을 읽고 서로의 감상을 나눈다. 같은 책을 두고도 다른 시선이 모이며, 그 차이를 이해하는 과정 속에서 공감이 자라난다. 이곳에서의 독서는 단순한 읽기가 아니라 문화를 공유하는 경험이 된다.

여기에, 있다

돌담길, 한옥, 정원, 별채, 그리고 자유롭게 오가는 고양이까지. 이 모든 것이 겹겹이 쌓여 새로운 이야기와 그림을 그려 나간다.

숲속에서 찾은 놀이터 같은 보물섬 "공간산아"

경남 산청군 단성면 덕천로 836번길 133-29

"하고 싶은 일을 실험하며, 보물지도를 그려가는 공간이죠"

'공간산아', '산아책방'이라는 이름을 처음 들었을 때, 참 예쁜 이름이라고 생각했다.

'산처럼 높은 뜻을 품고 살되, 항상 맑게 살라'는 의미로 할아버지가 지어주신 김산아 대표의 이름에서 따온 "산아". 그 공간이 바로 '공간산아'다.

좁은 산길을 잠시 지나자, 하늘과 산이 맞닿은 듯 넓게 펼쳐진 공간이 눈앞에 나타났다. 작은 책방만 있을 거라 생각했는데, '공간산아'는 카페와 민박, 숲속 놀이터, 책방이 어우러진 복합 문화공간이었다.
숲의 고요함 속에서 방문객들은 자연과 예술, 문화가 함께하는 평온한 휴식을 즐긴다.

공간과 예술 이야기 - '하고 싶음'에서 찾은 산청의 가치

이곳에서는 그림 전시회, 북토크와 콘서트, 다양한 강연이 열린다. 가끔은 그림 그리기 등 각종 체험행사도 마련된다. 특히 자연과 생태를 주제로 한 프로그램은 '공간산아'만의 뚜렷한 특색이다. 숲과 학습, 놀이가 공존하는 살아 있는 교육의 장이기도 하다.

산아책방은 카페 안쪽에 자리한 작은 독립서점이다. 계단을 올라 2층에 들어서면 양쪽 벽에 나무 책장이 늘어서 있다. 규모는 아담하지만 깔끔하게 정리된 공간은 누구나 한 번쯤 책방을 꿈꾸게 만든다. 그림책과 육아 관련 도서가 많고, 생태와 자연을 다룬 책도 눈에 띈다. 특히 새 탐조 관련 책이 시선을 사로잡는다.

공간과 예술 이야기 - '하고 싶음'에서 찾은 산청의 가치

큰 통창 너머로 하늘을 바라보면 노을과 구름이 시시각각 변한다. 그 자체가 하나의 살아 있는 미술작품처럼 다가온다.
"숲이라 좋다, 숲이라 더 좋다" 감탄이 절로 나온다.
하늘과 맞닿은 이 공간에 앉아 또 다른 나를 찾아본다.

숲속 놀이터도 매력적이다. 아이들은 식물을 관찰하고, 곤충을 찾고, 나무를 안아보며 계곡에 발을 담근다. 밤송이를 주워 알밤을 까고, 솔방울을 관찰한다. 나무와 나무 사이에 설치된 밧줄을 타고 건너며 아슬아슬한 긴장감도 느낀다. 자연과 함께 크는 아이들의 모습 속에서 미래에 대한 설렘과 기대가 자연스레 스며든다.

'공간산아'를 거닐다 보면 이곳이 김산아·정효은 부부의 삶의 태도와 닮아 있음을 느낀다.

"느리겠지만 천천히 하나씩 해보자"라는 마음으로, '살고 싶은 곳'에서 '하고 싶은 일'을 차근차근 실현해 온 두 사람. 그들이 그려가는 미래, 그리고 함께 만들어가는 이 공간은 새로운 문화를 빚어낸다. '공간산아'를 방문한 사람은 그 누구나 자연과 예술을 함께 만들고 누리게 된다.

자연이 곁에 있다는 것만으로도 안정과 위로가 되는 곳. 그 위에 책과 예술, 체험과 놀이가 더해져 마음과 몸을 치유하는 공간. 그것이 바로 '공간산아'의 존재 이유다. 앞으로 어떤 이야기로 사람들을 맞이할지 '공간산아'의 미래가 더욱 기대된다.

누구나 이곳에 들어서며 "안녕, 산아!", 나설 때는 "고마워, 산아!"라고 인사할 수 있는 공간.

그 마음을 담아 나도 이렇게 말하고 싶다.

"안녕, 산아!"

"고마워, 산아!"

전통과 라벤더 향이 어우러진 축제의 장 "학이재"

경남 산청군 단성면 성철로 102번길 108-50

"할아버지의 공간이였던 이곳에서 전통을 느끼고, 전통에서 일상을 누릴 수 있는 지역문화를 만들고 싶어요"

경남 산청군 단성면 묵곡리, 경호강변에 자리한 150년 역사의 전통 서당 학이재(學而齋). 학이재는 '논어 제1편 '학이'의 학이시습지불역열호(學而時習之不亦說乎)에서 따온 이름이다.

조선시대 교육기관으로 세워진 이곳, 학이재가 지역 문화 예술의 살아 있는 터전이자 역사와 자연, 예술이 어우러진 공간으로 거듭나고 있다.

학이재를 운영하는 이는 창시자 이상규 선생의 후손인 이현숙·이장호 부부다. 귀향 후 두 사람은 전통 서당을 관리하며 지역 문화 활성화를 위한 다양한 시도를 이어가고 있다. 단순한 보존을 넘어 공연과 전시, 강연, 체험 프로그램

공간과 예술 이야기 - '하고 싶음'에서 찾은 산청의 가치

사진 출처: 학이재 HakYje

등 다채로운 행사를 열어 지역민과 방문객이 함께 즐기는 열린 문화공간으로 발전시켰다.

특히 이현숙 대표가 직접 재배하는 라벤더가 만개하는 계절이면, 학이재는 자연의 향기와 문화예술이 어우러지는 축제의 장으로 변한다. 프랑스 유학 시절 경험한 작은 마

사진 출처: 산청군

을 축제에서 받은 영감을 토대로 시작한 이현숙 대표의 라벤더 축제는 이제 지역 주민과 방문객 모두가 참여하는 의미 있는 문화행사로 자리 잡았다. 매년 5월이면 라벤더 향이 먼저 손님을 맞이하며, "학이재 문화예술제"가 막을 올린다.

공간과 예술 이야기 – '하고 싶음'에서 찾은 산청의 가치

사진 출처: 학이재 HakYje

혼자 기획하고 준비하고 홍보하던 작은 축제가 이제는 지역 주민과 함께 라벤더를 가꾸고, 프로그램을 기획하고, 방문객을 맞이하는 축제로 성장했다. 그 모든 과정이 하나의 퍼즐처럼 맞물려 학이재 문화예술제를 완성시킨다. 역사와 전통, 자연과 예술, 사람과 문화가 어우러지는 살아있는 장으로서 이곳 산청을 풍요롭게 하는 중심이 되었다.

여기에, 있다

2025년 5월 17일부터 6월 7일까지, 열한 번째 학이재 문화예술제가 열렸다. 축제 첫날에는 강변과 고택 주변에서 지역 예술인의 버스킹 공연이 울려 퍼졌고, 이어지는 주말마다 클래식 기타 듀오와 전통 성악 무대가 이어졌다. 학이재 곳곳에서는 전시와 체험 프로그램이 펼쳐졌다. 금누리 작가의 회화 작품, 이호신 화백의 야생화 화첩, 권순옥 작가의 손뜨개 작품이 전시되었으며, 프랑스식 양배추 절임 요리인 '슈크루트' 시식 행사까지 더해져 감각과 체험, 미적 즐거움을 동시에 선사했다.

학이재는 단순한 서당이나 전시 공간이 아니다. 역사와 전통을 품은 살아 있는 문화공간이며, 지역의 예술과 사람, 자연이 서로를 비추는 장이다.

방문객은 라벤더 향과 고택의 고즈넉함 속에서 차 한 잔과 산책을 즐기며, 동시에 예술 작품을 감상하고 전통과 문화가 만들어내는 풍요를 온몸으로 경험한다. 강변과 소나무 숲, 삼색 버드나무의 흔들림 속에서 마음의 여유를 느끼고 삶을 성찰하게 된다.

이현숙 대표는 "태어나고

자란 산청, 그리고 역사적인 교육기관인 학이재에서 많은 분과 즐거움을 나눌 수 있다는 것이 가장 큰 행복입니다. 전통을 느끼고, 전통 속에서 일상을 누리며 지역 문화를 만드는 일이 제게는 큰 기쁨입니다"라고 말한다.

학이재 문화예술제를 다녀간 누군가는 "우리 집 사랑채도 학이재처럼 작은 예술 공간으로 꾸미고 싶다. 마을 주민이든 외부인이든, 문학과 노래를 좋아하는 사람이라면 언제든 방문해 함께 예술을 누리고 싶다"라고 한다. 이것이 학이재가 가진 힘이다.

학이재를 거닐다가 잠시 멈춰 소나무를 올려다본다. 학이재가 가진 울림의 힘을 느낀다. 그리고 그 힘을 지켜가는 이들의 마음이 저 소나무의 마음이라 확신해 본다.

공간과 예술 이야기 - '하고 싶음'에서 찾은 산청의 가치

우직한 손길이 만든 예술 "지리산 바보의 숲과 숲속미술관"

경남 산청군 삼장면 대원사길23번길 124-45

"이건 손자를 위해 만든 거예요."

경남 산청군 삼장면 석남리, 지리산 동쪽 자락 서들이골. 깊은 산골짜기 한켠에 이름만으로도 호기심을 불러일으키는 '지리산 바보의 숲'이 자리한다.
이곳은 김문금, 이환숙 부부가 서른 해 동안 땀과 정성으로 일구어낸 삶과 예술의 기록이 살아 있는 공간이다.

사람들에게 '털보'라 불리는 친근한 인상의 김문금 작가, 그리고 언제나 웃음을 잃지 않는 그의 아내 이환숙 씨는 결혼 직후 배낭 하나에 의지해 지리산으로 들어왔다.
텐트를 치고 비닐하우스를 세워 하루하루를 버티던 그 시절, 황무지 같던 염소 농장은 세월을 거쳐 울창한 숲으로 변했다.

공간과 예술 이야기 - '하고 싶음'에서 찾은 산청의 가치

묵묵히 쌓아 올린 노력과 성실함이 만들어낸 풍경 앞에 서면, 절로 울컥해진다. 그 감동과 울림이야말로 이곳이 '바보의 숲'이라 불리는 이유일 것이다.

여기에, 있다

공간과 예술 이야기 - '하고 싶음'에서 찾은 산청의 가치

공간과 예술 이야기 - '하고 싶음'에서 찾은 산청의 가치

이 숲은 숲과 예술이 만나는 특별한 공간, 삶과 창작이 동시에 숨 쉬는 자리다.

'지리산 바보의 숲'은 2024년 경상남도 제40호 민간정원으로 등록되었다. 전통정원, 문화정원, 식물정원, 숲속미술관 등 테마별 공간마다 부부의 손길이 닿지 않은 곳이 없다.

특히 '숲속미술관'은 숲 자체가 미술관이 된 듯, 나무와 돌을 다듬고 붙여 만든 조각 작품들이 숲길 곳곳에 놓여 있다. 걷는 발걸음마다 새로운 이야기를 만나게 된다.

공간과 예술 이야기 - '하고 싶음'에서 찾은 산청의 가치

여기에, 있다

공간과 예술 이야기 - '하고 싶음'에서 찾은 산청의 가치

여기에, 있다

작품 앞에 서면 단순히 조각을 보는 것이 아니라 작가의 삶과 이야기를 듣는 듯하다. "이건 손자를 위해 만든 거예요." 손자를 향한 사랑이 고스란히 전해진다.

공간과 예술 이야기 - '하고 싶음'에서 찾은 산청의 가치

바람의 언덕에서 마주친 나무 호랑이, 손수 만든 운동기구에 깃든 생활의 체취, 전래동화처럼 풀어낸 해설까지. 어느 순간, 숲을 걷는 나는 단순한 관람객이 아니라 동화 속 주인공이 된 듯한 착각에 빠진다.

여기에, 있다

사진 출처: https://www.facebook.com/share/14M1hQ2an5f/

숲속미술관의 매력은 바로 '현재진행형'이라는 점이다. 오늘도 나무 한 그루, 돌 하나가 부부의 손길을 거쳐 새로운 예술로 태어난다. 그 꾸준한 손길과 성실한 열정은 숲 전체에 시처럼 배어 있다. 부부가 일궈온 이 공간은 단순히 예술의 배경이 아니라, 삶 자체가 예술이 되는 현장이다.

세상은 빠르게 변하지만, 누군가는 묵묵히 자신만의 시간을 가꿔 간다. 그 우직한 세월이 숲이 되고, 한 권의 동화책이 되어 우리 앞에 펼쳐진다. 그래서 '바보의 숲'이라는 이름이 더없이 현명하게 다가온다.

지리산의 기운과 부부의 정성이 깃든 숲속에서 우리는 묵묵한 노동과 사랑, 창작이 빚어내는 진정한 예술의 가치를 목격한다. 그리고 그 가치는 오늘도 나무 한 그루, 돌 하나, 웃음 하나 속에서 조금씩, 조금씩 쌓여가고 있다.

사진 출처: https://www.facebook.com/share/14M1hQ2an5f/

공간과 예술 이야기 – '하고 싶음'에서 찾은 산청의 가치

사진 출처: https://www.facebook.com/share/14M1hQ2an5f/

여기에, 있다

삶과 산수를 담는 붓끝 "이호신 화백"

경남 산청군 단성면 지리산대로2897번길 20-1 지금이꽃자리

"산수를 보고, 사람을 보고, 세상을 본다."

경남 산청군 단성면 '남사예담촌'.
정갈한 담장과 고즈넉한 한옥이 마을의 품격을 말해주는 이곳은, 오래된 돌 하나 나무 한 그루에도 세월이 고스란히 스며 있다.

공간과 예술 이야기 – '하고 싶음'에서 찾은 산청의 가치

이곳에서 마을과 사람, 산과 강, 초목을 그려온 이가 있다. 바로 '생활산수(生活山水)'라는 독창적인 예술 세계를 펼쳐 온 이호신 화백이다.

이호신, 600살 감나무2, 149×214cm, 한지에 수묵채색, 2014

그는 지리산을 자주 찾다, 2010년 무렵 산청 남사예담촌에 터를 잡았다. 황톳빛 담장에 담쟁이가 드리운 골목길 끝에는 대나무숲 속 아트카페 '지금이꽃자리'가 있다. 이곳은 그의 작업실이자 생활의 공간이며, 주민과 여행자가 함께 차를 나누며 예술을 이야기하는 문화의 장이다. 입구에 선 노란 대나무 '황죽'이 방문객을 맞이하고, 한옥과 대나무숲이 어우러진 풍경은 그 자체로 예술이 된다.

공간과 예술 이야기 - '하고 싶음'에서 찾은 산청의 가치

어려서부터 붓글씨를 익힌 그는 글씨가 지닌 선과 여백의 세계를 자연스레 그림으로 옮겼다. 수묵화는 그에게 단순한 기법이 아니라 정신의 뿌리였다. 한지 위에 먹의 깊이와 채 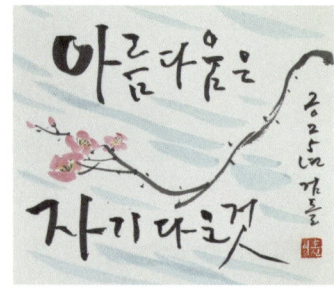 색의 절제를 더한 그의 그림은 한국적이면서도 세련된 울림을 전한다. 그가 그리는 풍경은 웅대한 산수화라기보다 마을과 숲, 계곡과 골짜기, 그리고 사람들이 살아가는 삶의 현장이다. 사람들의 웃음소리와 발걸음이 화면 속에서 살아난다. 그는 이 세계를 '생활산수'라 불렀다. 산수는 멀리 있는 이상향이 아니라, 우리가 살아가는 일상 속에 깃들어 있다는 뜻이다.

그가 쓴 책『산청에서 띄우는 그림편지』에는 산청의 문화재와 마을 풍경, 그리고 사람들의 이야기가 담겨 있다. 그는 산청 곳곳을 두 발로 걸으며 스케치하고, 주민들과 나눈 대화를 그림으로 남겼다. 그래서 작품은 단순한 풍경화가 아니라 삶의 기록이자 지역의 역사가 된다.

공간과 예술 이야기 - '하고 싶음'에서 찾은 산청의 가치

수장고에 들어서면 나무와 인물이 생생하게 살아 움직이는 듯하다. 작품을 설명하는 그의 얼굴에는 창작의 고단함보다 즐거움이 묻어있다. 작업실 옆에는 아내가 운영하는 카페 겸 아트샵이 있어, 그의 책과 지역 공예작가들의 소품이 놓여 있다. 대나무 아래 벤치에 앉아 차를 마시면, 마을 풍경까지 함께 음미하게 된다.

공간과 예술 이야기 - '하고 싶음'에서 찾은 산청의 가치

이 화백은 말한다. "산수를 보고, 사람을 보고, 세상을 본다." 이는 단순한 예술관이 아니라 그의 삶의 철학이다. 그의 산수는 결국 사람을 향하고, 사람을 통해 세상을 비춘다. 작품을 바라보고 있으면 그림이 말을 걸고, 때로는 고민을 나누고, 웃음을 짓게 한다. 매화의 향기가 전해지고 지리산의 기운이 스며든다.

이호신, 지리산 남명매, 65×97cm, 2025년

화백의 또 다른 작업은 '한글 뜻그림'이다. 30년 넘게 한글의 조형성과 의미를 화폭에 담아온 그는, 글자와 단어를 그림으로 피워내며 시대와 삶을 담았다. 이는 단순한 글씨가 아니라 우리말과 문화를 지키려는 의지며, 개인의 창작활동이 공동체의 문화운동으로 확장됨을 의미한다. "한글이 단순한 문자가 아니라 세계 인류의 문화유산으로 존중

공간과 예술 이야기 - '하고 싶음'에서 찾은 산청의 가치

받기를 바란다"는 그의 말에서 한글을 대하는 그의 마음이 깊게 전해진다.

사람을 담고 세상을 품는 그의 그림에 산청이 고스란히 담겨 있다. 이호신 화백의 예술은 산청이라는 공간 속에서 사람들과 호흡하고 있다.

이호신, 산청 남사 예담촌의 봄, 69×275cm, 2025년

경계를 허무는 손 "융합조형작가 로빈"

경남 산청군 단성면 지리산대로 2885 로빈갤러리

"다양한 재료와 표현이 서로의 고유성을 지키면서도 하나의 작품으로 어우러지는 것을 추구하죠"

산청군 단성면 남사마을. 이곳에 또 다른 특별함이 있다.

로빈(盧彬) 갤러리. 작가 로빈의 갤러리 겸 카페인 이곳은 지역과 예술, 사람을 연결하는 작은 문화 허브이자, 산청의 새로운 숨결을 담아내는 공간이다.

8년 전, 배낭 하나를 메고 여행하던 그는 산청의 자연에 매료되어 이곳에 정착했다. 그때부터 산청의 풍경과 사람, 역사를 담아내는 작업을 이어오고 있다.

"나무와 흙은 인류의 역사와 진화에서 늘 중요한 역할을 해왔습니다. 나무는 온도와 습도에 따라 변하지만, 불에 타 숯이 되면 물성이 영원히 변하지 않죠. 이렇게 탄 나무와 흙이 상생하듯, 저 역시 다양한 재료와 표현이 서로의 고유성을 지키면서도 하나의 작품으로 어우러지는 것을 추구합니다."

로빈 작가는 자신을 '융합조형작가'라 부른다. 그는 단순히 캔버스에 유화를 그리는 데 그치지 않고, 금속·목재·옻·황토 등 다양한 재료를 사용해 평면과 입체를 넘나드는 독창적인 작품 세계를 펼친다.

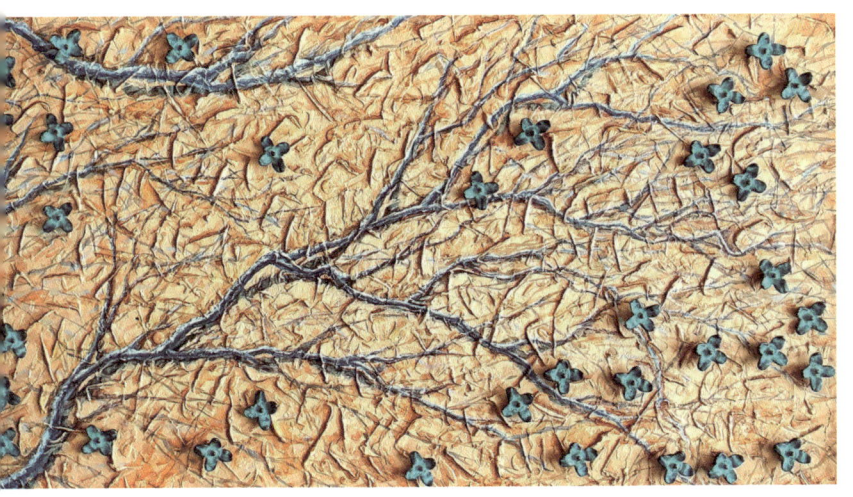

여기에, 있다

그의 작업은 언제나 실험적이고 철학적이다. 목재를 가열해 숯으로 만든 뒤 옻칠을 입히는 '호랑이 눈을 닮은 나무'라는 '호안목(虎眼木)기법'을 개발했다. 나무 표면에 미세 황토 분말을 올려 물성이 변하지 않도록 한 독창적인 방식으로, 전통과 현대가 만나는 새로운 미학을 보여준다.

호안목(큰대접4)

그의 작품 속에서 만나는 산청은, 단성면의 자양교와 니구산, 남사예담촌의 담쟁이덩굴과 부부회화나무, 황매산, 구형왕릉, 그리고 기산 박헌봉 선생과 성철 스님의 정신에 이르기까지 다양하다. 그의 손길은 산청의 자연과 사람, 역사와 이야기를 작품 속에 담아 관람객에게 조용히 말을 건넨다. 나무와 금속, 옻칠이 빚어내는 질감과 색을 통해 산청의 풍경이 새로운 예술로 되살아난다.

여기에, 있다

부부 회화나무

공간과 예술 이야기 – '하고 싶음'에서 찾은 산청의 가치

산청사람 기산

여기에, 있다

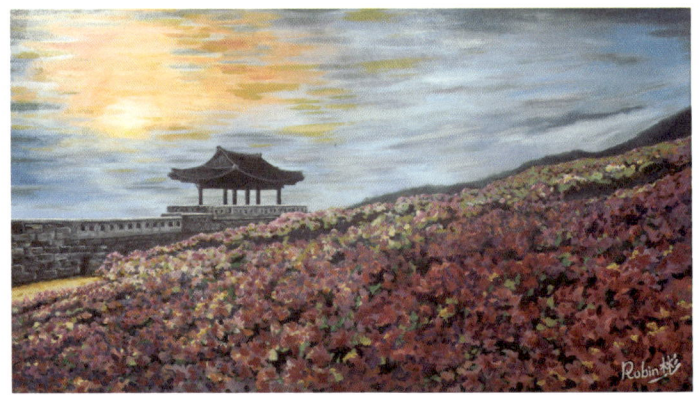

황매산 철쭉 오케스트라

황매산 철쭉쇼

비나이다비나이다

산청일월오봉도

공간과 예술 이야기 - '하고 싶음'에서 찾은 산청의 가치

니구산 숲

여기에, 있다

용비도

로빈 갤러리는 교육장이기도 하다. 그는 평생교육 강사로 활동하며 지역 주민과 학생들에게 예술의 의미와 창작의 즐거움을 전한다. 사람들은 이곳에서 예술을 접하고, 배우고, 경험하며 자신만의 이야기를 만들어간다. 그렇게 발견한 작은 깨달음이 곧 산청의 가치를 새롭게 빛나게 한다.

산청 흙으로 달을 빚는 도예가 "산음요 권동일"

경남 산청군 금서면 친환경로 2081-39 산음요

"산청 흙이 꼭 들어가야만 작품이 됩니다"

지리산 자락을 따라 내려오다 보면, 산청 금서면의 고요한 마을에 흙과 불이 만나 하나의 세계를 이루는 공간이 있다. 이름하여 '산음요(山音窯)'. 이곳에 20여 년 동안 산청 흙으로 도자기를 빚어온 권동일 도예가가 있다.

공간과 예술 이야기 - '하고 싶음'에서 찾은 산청의 가치

산음요 전시장 한켠에는 그의 아내 허인숙 작가의 나무공예 작품이 놓여 있다. 나무와 흙이 어우러져 이곳 산음요의 공간이 더욱 아늑하고 따뜻해 보인다.

산청과 그의 인연은 우연과도 같이 시작됐다.
"작업을 하면서 산청흙에 반해 버렸어요. 그래서 산청이 어디 붙어 있는지도 모르고 무작정 산청을 찾아왔습니다."
담담하게 내뱉은 그의 말에 산청 흙에 대한 애정이 고스란히 배어 있다.
예술은 예술가의 손끝만이 아니라, 그것을 품어내는 대지에서도 비롯된다. 권 작가는, 산청의 흙은 자연스러우면서도 편안한 기운을 담고 있다고 말한다.

그는 도예를 단순한 기교로 보지 않는다.
"산청 흙이 꼭 들어가야만 작품이 됩니다."
그에게 흙은 단순한 재료가 아니라 생명의 숨결이 스며 있는 매개체다.
그는 "산청의 고령토는 유약을 입히지 않아도 은은히 빛을 내며, 장작가마의 불꽃을 만나면 마치 산천의 기운이 그릇

속에 스며드는 듯한 생명력을 드러낸다"라고 말한다.

2023년과 2024년, 그는 진주의 한 갤러리와 산청 동의보감촌 주제관 등에서 개인전 《산청흙, 달이 되다》를 열었다. 전시장에는 비정형 달항아리 30여 점이 놓였다. 그의 달항아리에는 뒤틀림과 미묘한 균열이 있다. 바로 그 불완전함이 달의 본질을 닮아 있었다. 완벽하지 않기에 더 온전해 보이는 달. 산청 백토의 빛과 질감은 그 비정형 달항아리에서 한층 또렷하게 드러났다.

여기에, 있다

공간과 예술 이야기 – '하고 싶음'에서 찾은 산청의 가치

여기에, 있다

여기에, 있다

공간과 예술 이야기 - '하고 싶음'에서 찾은 산청의 가치

공간과 예술 이야기 – '하고 싶음'에서 찾은 산청의 가치

여기에, 있다

공간과 예술 이야기 - '하고 싶음'에서 찾은 산청의 가치

여기에, 있다

공간과 예술 이야기 – '하고 싶음'에서 찾은 산청의 가치

"산청에서 달항아리를 접할 기회가 부족합니다. 산청 흙으로 빚은 달항아리를, 그 아름다움을 많은 분들이 느끼셨으면 합니다."

전시장을 찾은 이들은 감탄을 아끼지 않았다.
"달항아리를 이렇게 크게 만드셨다니 놀랍네요."
"미색이 주는 따뜻함이 참 좋아요."
"이런 무늬가 나올 수 있다니 신기합니다."

백토의 표면은 달빛을 머금은 듯 은은했고, 불꽃이 남긴 흔적은 저마다 다른 달의 무늬를 떠올리게 했다.
권 작가의 작품 앞에서 사람들은 깨닫는다. 자신들이 살아가는 산청의 흙이 예술로 태어나는 순간을.

공간과 예술 이야기 - '하고 싶음'에서 찾은 산청의 가치

"산청의 흙은 산청 사람들의 자부심이 되어야 합니다."
그는 군민들을 대상으로 한 평생교육강좌에서 도자기 빚는 법을 가르치고, 흙을 대하는 마음을 전한다. 손끝에서 흙의 감촉을 느끼며 나만의 작품을 만들어내는 순간, 교육생들의 얼굴에는 미소가 번진다. 그 미소는 곧 애향심으로 이어진다. 예술이 지역과 맞닿을 때, 그것은 곧 지역의 정체성을 찾고 방향성을 정립하는 하나의 과정이 된다.

사진 출처: 산청군 / 산청문화원 도자기예술반 작품 전시

산음요의 하루는 늘 고요히 시작된다. 새벽 안개가 걷히면 그는 흙을 만지고 불을 지피며 또 하나의 대화를 이어간다. 그의 삶은 도자기와 닮았다. 서두름 없이, 흙이 숨 쉬고 불이 재를 남기며 깊어지는 과정을 묵묵히 받아들인다.

공방 앞에서 바라본 지리산은 계절마다 다른 얼굴을 보여준다. 봄에는 분홍빛 산벚꽃, 여름에는 푸른 녹음, 가을에는 타오르는 단풍, 겨울에는 순백의 눈. 그 풍경은 달항아리의 배경이 된다.

20년 전, 생소하던 산청에 발을 디딘 한 도예가는 이제 산청을 대표하는 얼굴이 되었다. 그의 달항아리에는 산청 흙의 숨결, 불의 기운, 사람의 이야기가 함께 담겨 있다. 그것은 산청이 빚어낸 달이자, 산청을 품은 예술이다.

3부

연결과 연대 이야기

- 산청을
확장시키는
힘

삶이 이어지고 문화가 커가는 장터 "산청 지리산 목화장터"

경남 산청군 신안면 하정리 630-32 일원 소공원

산청 신안면 하정리, 원지터미널 맞은편의 작은 소공원. 평소라면 아이들이 자전거를 타며 오가고, 어르신들이 바람을 쐬며 담소를 나누는 한적한 공간이다.

매달 둘째와 넷째 일요일 오후가 되면 이곳은 전혀 다른 풍경으로 변한다. 알록달록한 테이블보가 씌워지고, 트럭 짐칸에서는 막 수확한 농산물이 하나둘 내려진다. 장바구니를 손에 든 사람들이 발걸음을 재촉하며 모여든다.
"산청 지리산 목화장터"
단 몇 시간, 해가 기울기 전까지만 열리는 장터지만, 이곳에는 많은 이야기가 넘쳐난다.

2015년 봄, 주민들이 함께 힘을 모아, 오일장이 서지 않는 신안면에 장터를 열어보자는 뜻이 모였다. 김명철 한의사를 비롯한 의료복지사회적협동조합 사람들, 성경모 추진위원장을 비롯한 지역 문화기획자들이 뜻을 합쳤다. 우리

나라에서 처음 목화를 재배한 곳이 산청이라 '목화장터'라는 이름으로 첫 장터를 열었다.

소공원에 작은 천막과 테이블, 돗자리를 깔고 소박하게 펼쳐진 목화장터는 시간이 흐르면서 점차 뿌리를 내리고, 어느새 수백 명이 다녀가는 장터로 굳건히 자리 잡았다.
지금은 온라인 밴드 회원만 5천 명에 가깝다. 판매만이 아

나리 소모임 소식, 공공기관의 공지사항, 무료나눔, 재능기부 소식까지 오간다. 주민들이 자발적으로 뿌린 작은 씨앗 하나가 싹을 틔우고 열매를 맺어 지금의 목화장터가 된 것이다.

장날이 서는 날이 다가오면, 온라인 밴드에서는 장터에 가지고 나갈 물건을 미리 알리는 알림음이 끊이지 않는다. 밴드에 올라오는 게시물을 읽어보는 것만으로도 목화장터에 대한 기대감과 설레임이 그대로 느껴진다.

안부를 묻는 인사를 시작으로 감자·고추·토마토·사과가 천막 아래 줄지어 놓인다. 그 옆에는 정성껏 깎아 만든 나무주걱과 도마, 손수 만든 가방과 머리띠가 놓인다. 물건 하나하나에는 삶의 흔적과 시간이 배어 있어, 값을 치르는 순간조차 누군가의 이야기를 함께 받아들이는 일처럼 느껴진다.

"저번에 사간 감자, 맛있었지요?"
"고구마줄기 김치 좀 드셔보세요."

연결과 연대 이야기 - 산청을 확장시키는 힘

여기에, 있다

연결과 연대 이야기 - 산청을 확장시키는 힘

마트에서는 찾기 힘든 정겨운 말들이 오간다. 이곳에서 사고 팔고 무언가를 나누는 일은 다른 사람의 삶을 받아들이는 일이다. 거래가 아니라 교류, 소비가 아니라 관계다.

목화장터에는 문화가 함께한다. 간단한 음향 장비와 작은 의자뿐이지만, 그 위에서 울려 퍼지는 음악은 장터 전체를 바꿔 놓는다. 청년 밴드의 기타 소리에 발걸음을 멈추는 이들, 장을 보던 손님이든 길을 지나던 사람이든 잠시 귀를 기울인다. 문화는 멀리 있지 않다. 박수와 웃음이 오가는 순간, 그것이 곧 문화다. 목화장터는 생활 속에서 문화가 어떻게 뿌리내리는지를 보여준다.

목화장터는 크지 않지만, 그 안에는 보사람이 있다. 작은 천막, 장바구니, 기타 선율, 비눗방울, 쌀빵과 도토리묵, 유정란, 열무김치, 고구마줄기 김치, 나무주걱, 나누어 먹는 떡 한 조각과 식혜, 아이들을 위한 솜사탕과 팝콘, 무료로

나누는 고무나무까지. 이 작은 조각들이 모여 문화를 그려 간다.

무엇보다 목화장터는 사람과 사람을 잇는 자리다. 꾸준히 장터를 지키는 농부, 정성스레 떡을 내놓는 아주머니, 아이의 손을 잡고 온 젊은 부부. 이름을 몰라도 얼굴은 알게 되고, 얼굴을 알다 보면 자연스레 안부를 묻는다. 작은 만남이 쌓여 관계가 된다.

대형마트를 다녀오면 물건이 남지만, 목화장터를 다녀오면 사람이 남는다고들 한다. 웃음과 이야기, 계절의 냄새가 스며든 거래가 곧 지역을 잇는 끈이 된다. 그렇게 작은 움직임이 공동체를 회복하고 확장시킨다. 그래서 산청 지리산 목화장터는 장터 그 이상의 의미를 지닌다.

장터에 오는 사람은 모두가 판매자이자 소비자고, 기획자이자 운영자며, 봉사자다. 자발적인 참여와 협력, 신뢰를 바탕으로 한 느슨한 연대가 오히려 가장 강한 연대를 이끌었다.

2025년 9월 28일 일요일, 낮 1시. 168번째 목화장터가 열렸다. 목화장터가 계속 이어져 산청의 사람과 문화, 삶을 오래도록 잇고 단단하게 묶어주기를 기대해 본다.

연결과 연대 이야기 - 산청을 확장시키는 힘

사진 및 이미지 출처: https://www.band.us/@mokhwamarket

연대를 통해 다시 태어난 아주 특별한 카페 "남다른 이유"

경남 산청군 신안면 원지강변로 29

강변을 따라 걷다 보면 소박하면서도 단정한 외관을 가진 공간이 눈에 들어온다. 카페 "남다른 이유"다.

연결과 연대 이야기 - 산청을 확장시키는 힘

카페를 운영하는 남매의 이름을 붙인 '남달 & 리유'라는 이름으로 문을 열었으나, 점차 이웃들이 모여드는 사랑방이 되면서 지금의 이름을 갖게 되었다. 이름처럼 이 지역 주민이 모여 생각을 나누고 활동을 기획하는 특별한 공동체 플랫폼으로 자리 잡고 있다.

2022년 개업 이후 동네 사랑방이자 지역 문화의 중심이 된 이곳은, 2024년 운영난으로 잠시 문을 닫기도 했다. 그러나 공간을 잃고 싶지 않았던 청년들이 뜻을 모아 다시 문을 열게 되었다.

그 과정에서 '쉬어갈 그늘이자 비빌 언덕'이라는 뜻의 공동체 '그늘과 언덕'이 만들어졌고, 운영 구조도 주민이 주체가 되는 방식으로 바뀌었다. 직접 운영과 기획을 맡는 '나무', 그리고 후원과 지지를 보내는 '지킴이'가 각자의 역할을 나누며 카페를 지탱해 간다. 이 덕분에 "남다른 이유"는 상업 공간을 넘어 전시, 공연, 워크숍 등 다양한 문화행사가 이어지고 있다. 청년 모임을 비롯해 다양한 모임을 통해 연대와 문화적 자립을 실현하는 곳이 되었다.

햇살이 스며드는 공간 안에서 웃음과 대화가 흐르는 순간, 이곳은 삶과 문화, 연대와 공동체가 교차하는 작은 무대가 된다.

청년의 도전과 주민의 참여, 세대 간 소통이 함께 어우러지며 카페 "남다른 이유"는 산청에서 연대와 문화적 자생력을 품은 허브로 성장하며, 사람을 잇고 산청을 키워나간다.

사진 출처: https://www.instagram.com/namdalnriyou

마당극이 피워내는 연대의 들판 "극단 큰들"

경남 산청군 산청읍 물안실로 478-164 큰들마당극마을

큰들의 마당극 무대는 특별하다. 마을 광장, 학교 강당, 잔디밭, 장터 어디든 무대가 되고, 관객이 곧 배우가 된다. 예술과 자연, 배우와 관객이 하나가 되는 순간, 마당극은 단순한 공연이 아니라 흩어진 삶을 잇고 사람을 연결하는 연대의 언어가 된다.

큰들의 창작 뿌리는 산청의 역사와 삶이다.
대표작 「목화」는 고려 시대 원나라에서 들어온 목화씨가 산청에서 처음 재배된 사실에서 비롯되었다. 지리산이 '어머니의 산'이라 불리듯, 목화가 추위에 떠는 백성을 따뜻하게 감싸 안은 이야기와 그 안에 담긴 애민정신을 무대에 담았다. 「찔레꽃」은 산청의 동의보감과 찔레꽃을 소재로, 몸과 마음의 소리에 귀 기울이며 건강하게 살아가자는 메시지를 전한다.
「허준」은 스승 류의태의 뜻을 이어받아 가난한 백성을 치료하고자 동의보감을 편찬하는 과정을 그리며, 산청이 가

진 치유의 힘을 드러낸다. 「남명」은 수양을 통해 마음을 밝히고, 민본사상과 위민정치를 실천하려 한 남명의 경의사상을 무대에 올린 것이다.

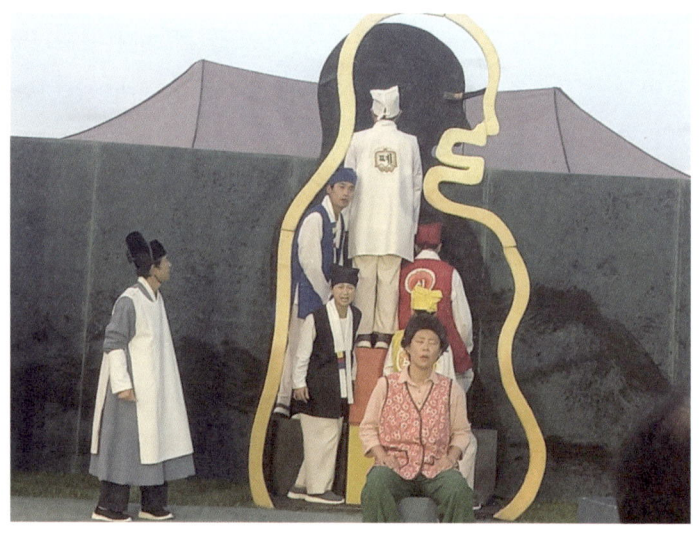

2019년, 큰들은 산청읍 내수리에 '산청 큰들 마당극 마을'을 열며 새로운 터전을 마련했다. 그 안에 자리한 실내공연장 '까망극장'은 규모는 소박하지만, 그 속에서 태어나는

연결과 연대 이야기 - 산청을 확장시키는 힘

사진 출처: https://www.facebook.com/share/1BEhmyztK2/

이야기는 무한하다.
배우와 주민, 후원자와 관객이 함께 고민하고 나눈 생각은 다시 마당극 무대 위에서 열매 맺는다. 이름처럼 큰들의 활동은 들판처럼 탁 트이고 넉넉하다.
큰들은 여기에 머물지 않는다. 국제 교류 행사, 풍물단과 국악오케스트라 운영 등을 통해 더 넓은 무대로 확장하고 있다.

사진 출처: https://www.facebook.com/share/1BEhmyztK2/

연결과 연대 이야기 – 산청을 확장시키는 힘

사진 출처: https://www.facebook.com/share/1BEhmyztK2/

산청에서 시작된 이야기는 다른 지역으로 번져가고, 다시 그곳의 이야기를 품으며 새로운 작품으로 태어난다. 이는 지역과 지역을 잇는 연합의 순환이며, 마당극이 가진 가장 큰 힘, 바로 '연결'이다.

2024년, 큰들은 창립 40주년을 맞았다. 지난 세월 동안 이어올 수 있었던 힘은 관객과 후원자들의 작은 성금과 물품 기부였다. 그래서 큰들의 공연은 더 이상 극단만의 것이 아니라, 모두가 함께 만들어낸 결실이다.

연결과 연대 이야기 – 산청을 확장시키는 힘

서늘한 바람이 불던 어느 밤, 산청 동의보감촌 잔디광장에서 배우와 관객이 함께 빚어낸 '공유된 시간'을 떠올려본다. 그 시간 속에 담긴 의미야말로, 큰들이, 산청이 가진 진정한 힘이 아닐까.

산청의 주치의가 된 "산청의료사협과 화목한의원"

경남 산청군 산청읍 산청대로1381번길 17 성심원

프란치스꼬회에서 운영하는 성심원은 1959년 한센인 정착촌으로 문을 열어, 500여 명이 함께 살던 공동체 마을이었다. 소외된 사람들이 모여 서로의 아픔을 품어주던 이곳에는 지금 한센인 마지막 세대 어르신 70여 명과 장애인들이 거주하고 있다.

이 성심원에 새로운 의료의 길을 열고 있는 곳이 바로 산청의료복지사회적협동조합과 그 산하의 화목한의원이다. 단순히 진료 서비스를 제공하는 데 그치지 않고, 지역 주민과 더불어 건강한 삶을 만들어가는 것을 목표로 하고 있다.

2021년, 지역 주민들의 자발적인 참여와 열정으로 '경남산청의료복지사회적협동조합'이 창립되었고, 2023년 11월에는 성심원 내에 화목한의원이 문을 열었다.

사진 출처: https://www.gscmedc.org/

의료사협은 의료와 생활 문제를 주민과 의료인이 함께 해결하는 조직으로, 장애인과 노인 건강관리뿐 아니라 지역민들의 건강한 일상을 지원하고 있다. 누구나 출자금을 내면 조합원이 될 수 있으며, 조합원들은 병원의 공동 소유자이자 운영 주체로서 높은 주인의식을 갖고 있다.

이곳은 단순한 의료복지기관이 아니다. 주민들의 건강을 돌보는 것은 물론, 목소리를 듣고 함께 해결책을 찾는 공동체의 거점이다. 건강 상담과 검진, 방문 진료, 건강 리더 교육 등 다양한 프로그램을 운영하며, 이웃돌봄지킴이 활동, 소모임, 전시회, 지역 축제 참여 등을 통해 소통과 연대를 실천하고 있다.

이 모든 활동이 가능했던 것은 주민과 조합원, 후원자들의 따뜻한 관심 덕분이다. 현재 1천여 명의 조합원과 후원자들이 출자, 자원봉사, 물품 기부 등 다양한 방식으로 협동조합을 지탱해 주고 있다.

의료사협과 화목한의원은 새로운 프로그램 개발, 주민 참여 확대, 정책 제안, 봉사활동 등으로 더 건강하고 활기찬 지역사회를 만들기 위해 한 발짝 한 발짝 앞으로 나아간다.

사진 출처: https://www.gscmedc.org/

에필로그

산청을 또 열며

산청은 사람과 사람을 이어주는 관계의 힘, 예술과 공간에서 발현되는 창조적 가치, 그리고 함께 손을 맞잡으며 확장되는 연대의 에너지로 살아 숨 쉬는 곳입니다.

오늘날 많은 지역이 인구소멸이라는 거대한 벽 앞에 서 있습니다. 산청 또한 예외는 아닙니다. 하지만 인구소멸은 단순히 줄어드는 숫자로만 정의되지 않습니다. 사람과 공간, 예술과 연대가 만들어내는 힘은 숫자를 넘어서는 삶의 가치이자, 우리를 다시 일으켜 세우는 에너지입니다. 그것은 단순히 현재를 붙드는 힘이 아니라, 새로운 미래를 여는 가능성이기도 합니다.

사람이 있어 관계가 이어지고, 공간이 있어 이야기가 꽃피우며, 예술이 있어 삶이 빛나고, 연대가 있어 그 모든 것이 지속됩니다. 이것이 바로 산청이 가진 힘입니다. 그 힘이 모일 때 산청은 결코 사라지지 않습니다. 오히려 더 넓은 세상 속에서 산청만의 빛을 발할 것입니다.

글을 마무리하면서 다시금 느끼는 것은, 결국 산청의 힘은 '사람'에게서 비롯된다는 사실입니다. 그저 각자의 자리에서 자신이 가진 작고 단단한 힘으로 이웃을 보듬고 마을, 지역을 품습니다. 함께 모여 만든 공간, 함께 나눈 연대의 경험이 산청을 더욱 빛나게 합니다. 이 모든 것의 중심에 산청을 사랑하는 사람이 있었습니다. 이것이 바로 우리가 지켜야 할 산청의 가치, 산청의 희망, 산청의 미래입니다.

그 미래가 바로 **"여기에, 있다"** 말하고 싶습니다.

> 2025년 11월
> 산청의 이야기를 품고, 잇습니다.

여기에, 있다

인쇄일 | 2025년 11월 10일
발행일 | 2025년 11월 25일

지은이 | 장은화

펴낸이 | 이문희
펴낸곳 | 도서출판 곰단지
주　소 | 경남 진주시 동부로 169번길 12 윙스타워 A동 1007호
전　화 | 070-7677-1622
팩　스 | 070-7610-2323
이메일 | gomdanjee@daum.net

ISBN | 979-11-94688-17-4 (03300)
가　격 | 15,000원

이 책은 저작권법에 따라 보호받는 저작물이므로 무단 전재와 무단 복제를 금지하며
이 책 내용을 이용하려면 반드시 저작권자와 도서출판 곰단지의 서면동의를 받아야합니다.

이 책은 경상남도, 경남문화예술진흥원의 문화예술 지원을 보조받아 발간 되었습니다.